yukismart.com/b/6d7036

body

keho

head

pää

face

kasvot

grow up

kasvaa

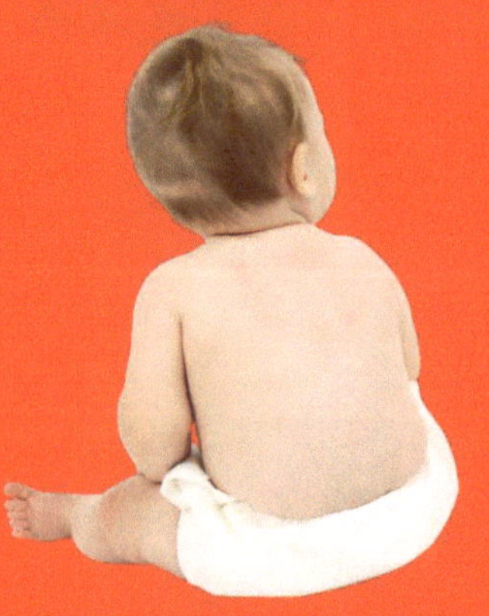

back

selkä

chest

rinta

bottom

takapuoli

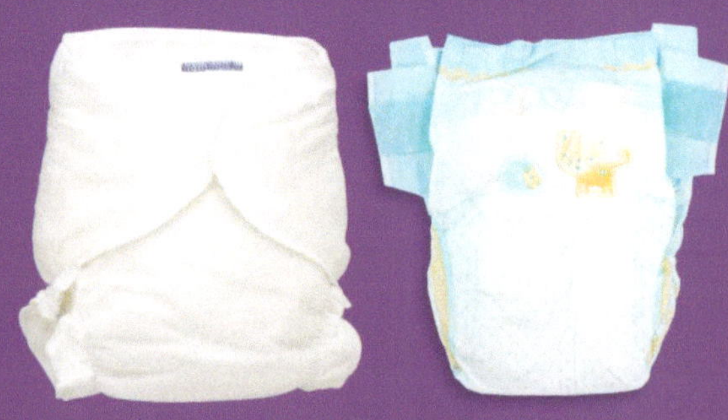

diaper

vaippa

eye

silmä

glasses

lasit

forehead
otsa
chin
leuka

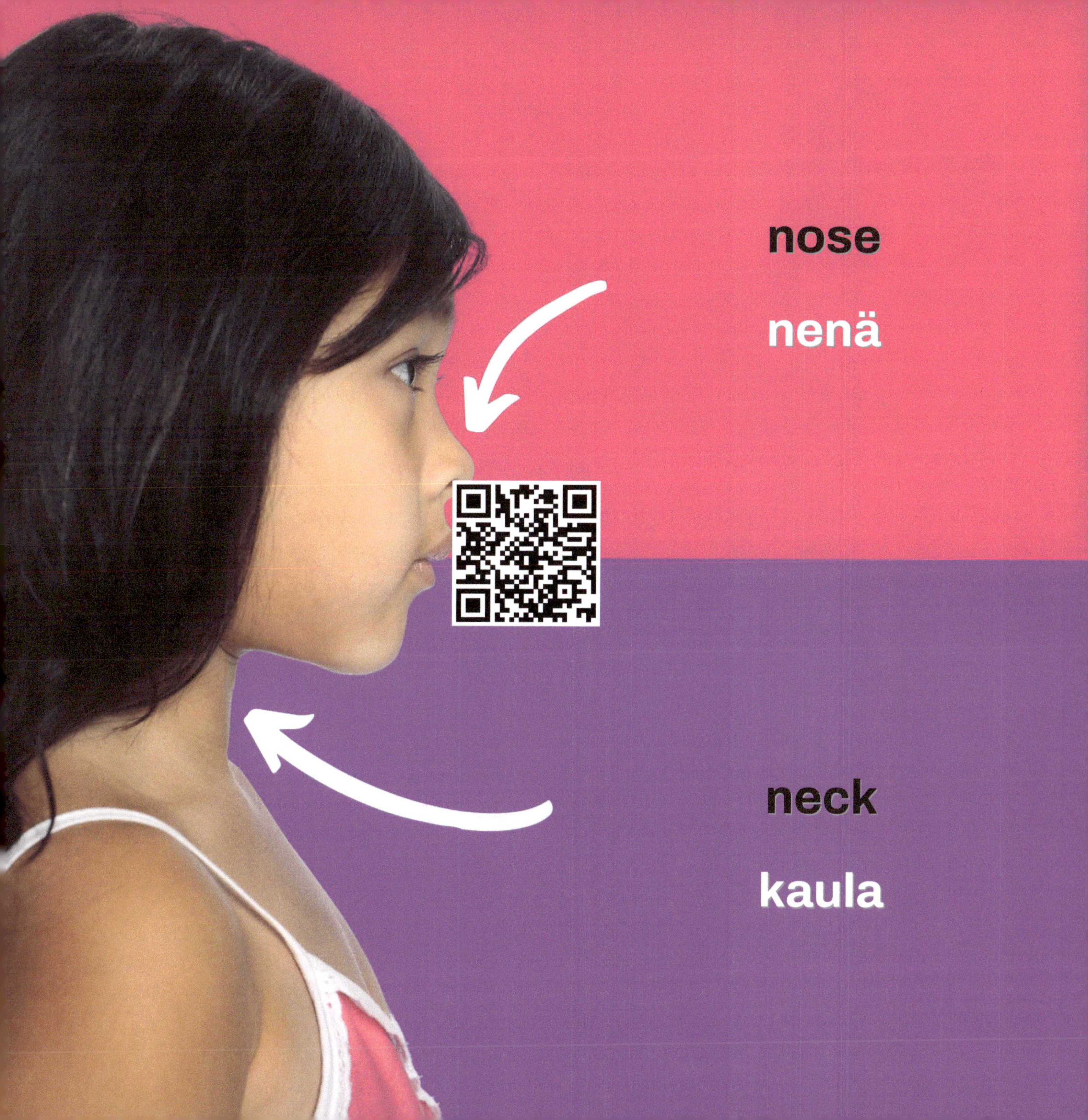

nose
nenä
neck
kaula

ear

korva

cheeks

posket

kiss

suukko

mouth

suu

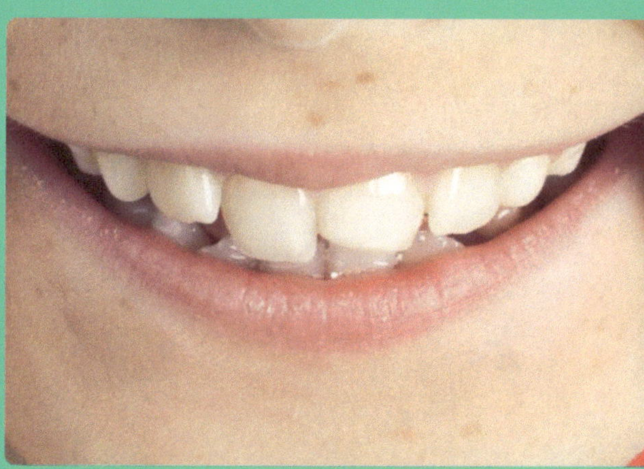

teeth

hampaat

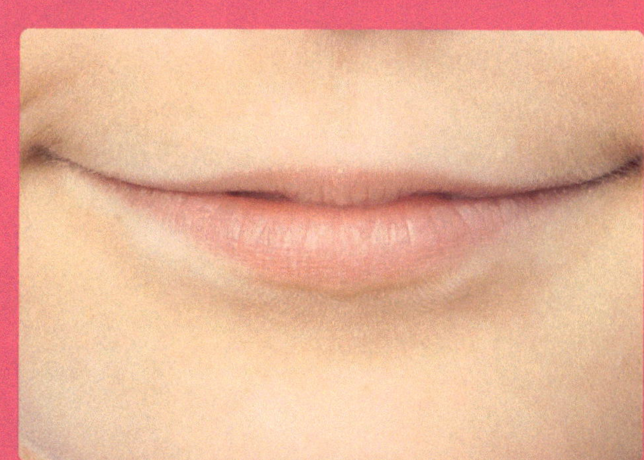

lips

huulet

tongue

kieli

hair

hiukset

straight hair

suorat hiukset

curly hair

kiharat hiukset

black hair

mustat hiukset

brown hair

ruskeat hiukset

ginger hair

punaiset hiukset

blond hair

vaaleat hiukset

gray hair
harmaat hiukset
bald head
kalju pää

beard

parta

moustache

viikset

arm
käsivarsi
elbow
kyynärpää

hand

käsi

fingers

sormet

thumb

peukalo

belly

vatsa

navel

napa

foot

jalka

leg

jalka

heel

kantapää

thigh
reisi
ankle
nilkka

calf

pohje

nails

kynnet

knee

polvi

necklace

kaulakoru

bracelet

rannekoru

hat

hattu

scarf

huivi

coat

takki

pullover

pusero

pants

housut

dress

mekko

rain boots

kumisaappaat

socks

sukat

shoes

kengät

mittens

lapaset

Ex: 24705
Se: 1
Im: 4
S 120
Diagnostic Center.
22 309
Nov 08 11
A 120
P 120
I 120

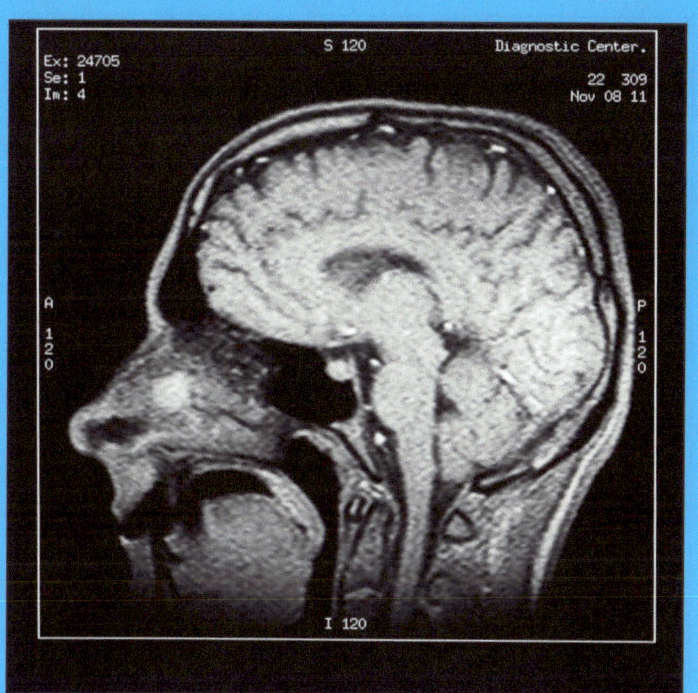

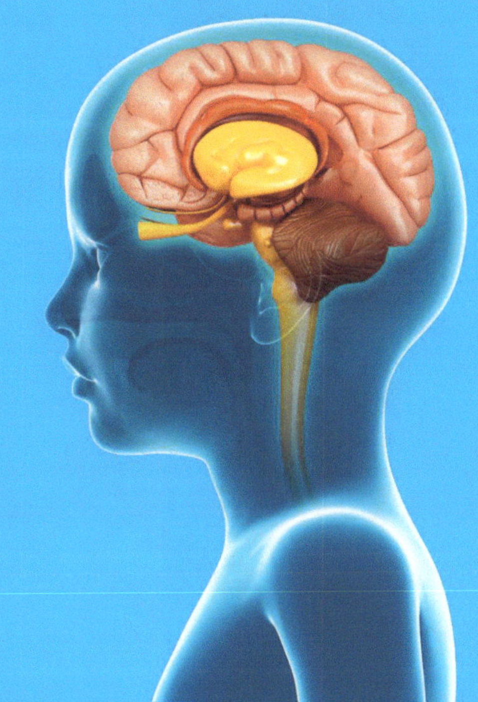

brain

aivot

heart

sydän

lungs

keuhkot

skin

iho

sunscreen

aurinkovoide

sun glasses

aurinkolasit

soap

saippua

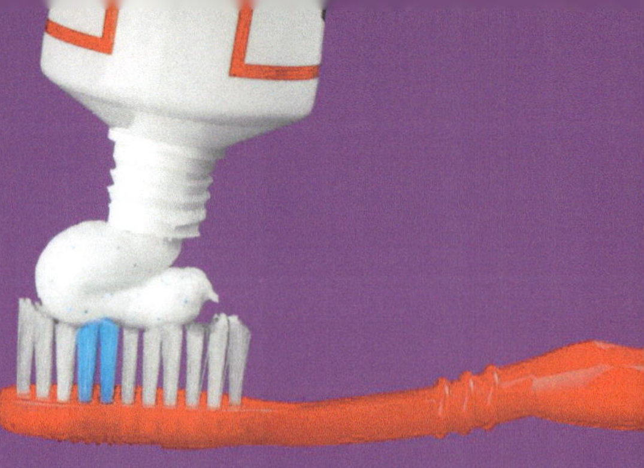

toothpaste

hammastahna

toothbrush

hammasharja

pain

kipu

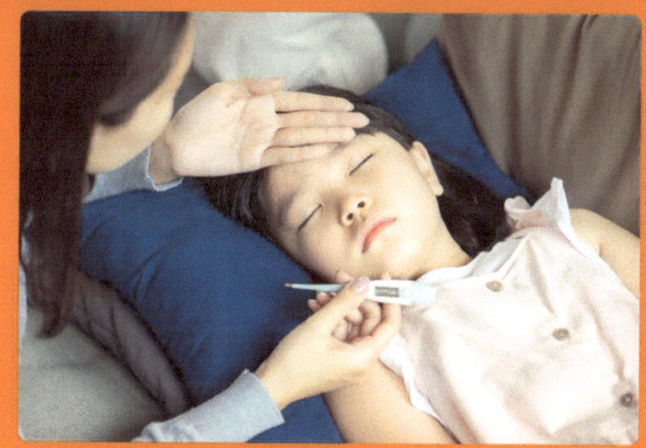

fever

kuume

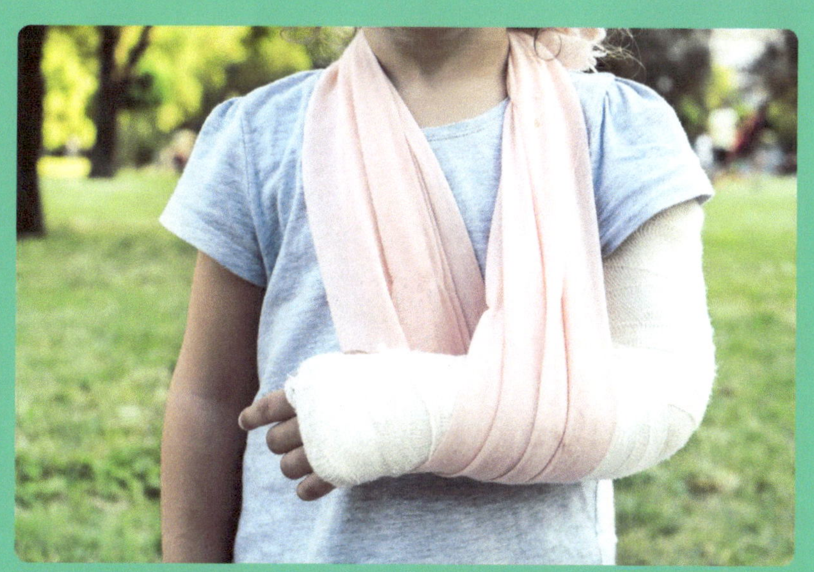

broken arm

murtunut käsi

sneeze

aivastus

cough

yskä

dental cavity

reikä hampaassa

pharmacist

apteekkari

medicine

lääke

hospital

sairaala

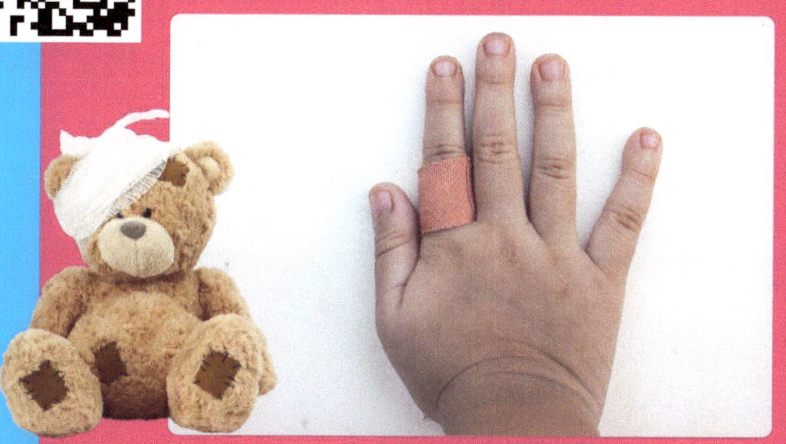

bandage

side

paramedic

ensihoitaja

firefighter

palomies

firetruck

paloauto

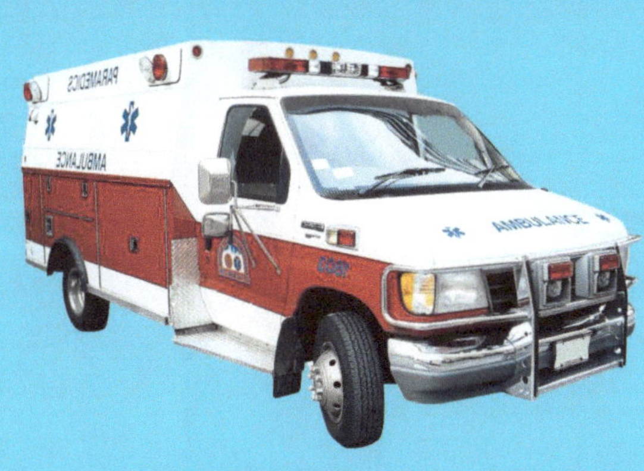

ambulance

ambulanssi

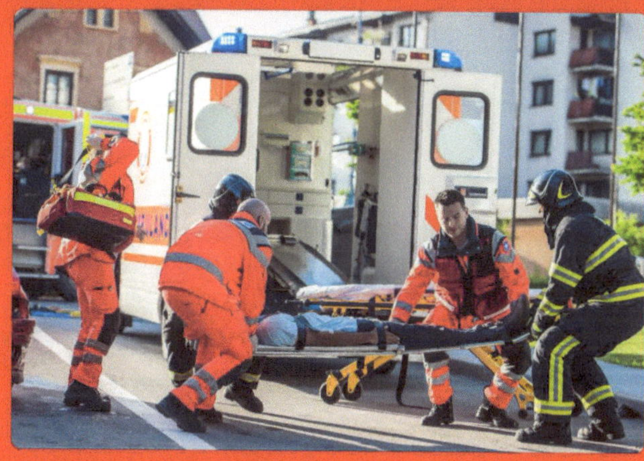

rescue team

pelastusryhmä

helicopter

helikopteri

boat

vene

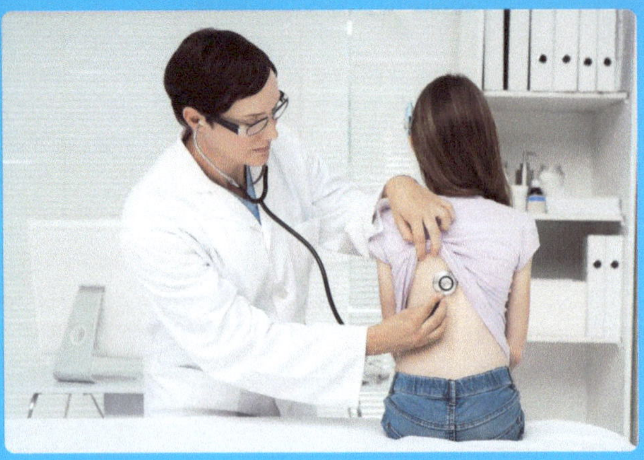

doctor

lääkäri

nurse

sairaanhoitaja

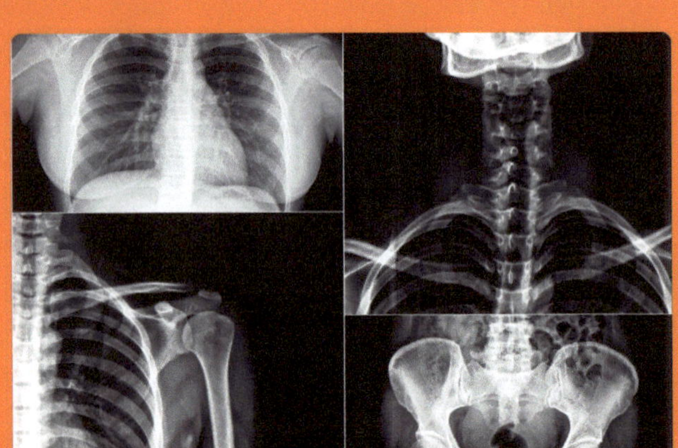

x-ray

röntgenkuvaus

wheelchair

pyörätuoli

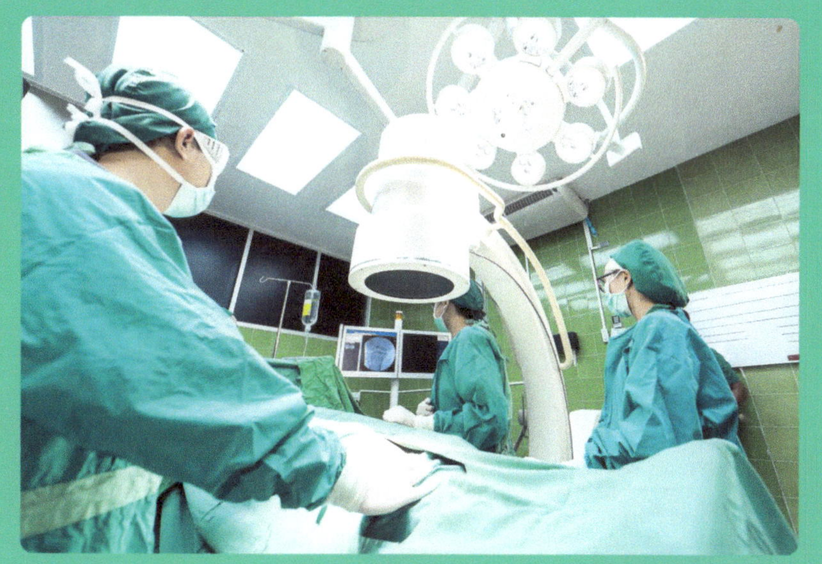

surgeon

kirurgi

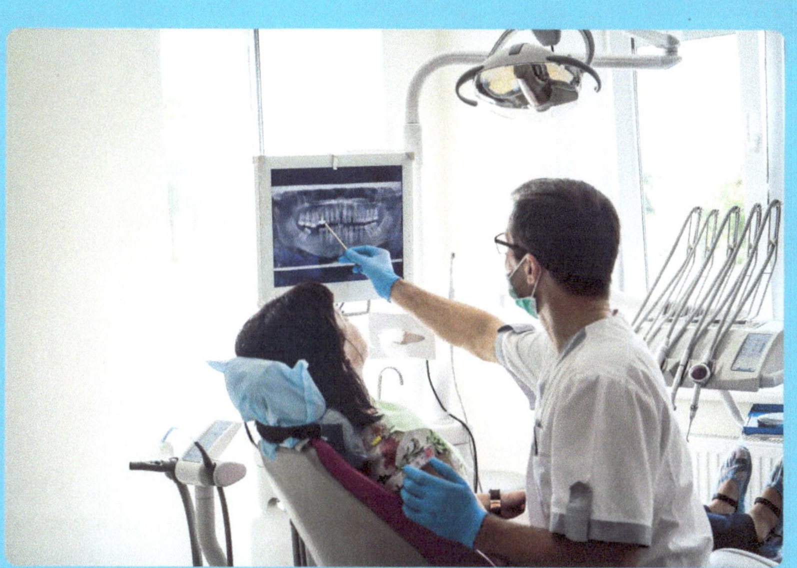

dentist

hammaslääkäri

thermometer

kuumemittari

scale

vaaka

first aid kit

ensiapupakkaus

vet

eläinlääkäri

stethoscope

stetoskooppi

dancing

tanssia

basketball

koripallo

soccer

jalkapallo

swimming

uinti

skiing

hiihto

judo

judo